AF230301

I 4
907 h

COMPTE-RENDU

MORAL ET FINANCIER

DE LA SOCIÉTÉ INTERNATIONALE

POUR L'ORGANISATION DES SECOURS

AUX BLESSÉS MILITAIRES

DANS LE DÉPARTEMENT DE LA SAVOIE.

ANNÉE 1871

RAPPORT

présenté par M. le Mis Joseph De Ville de Travernay.

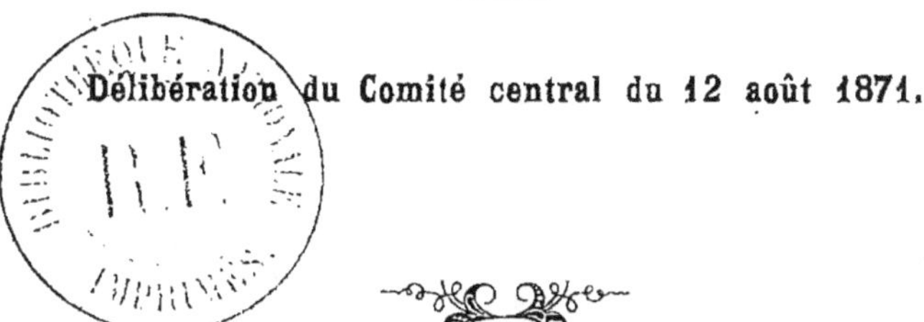

Délibération du Comité central du 12 août 1871.

CHAMBÉRY

IMPRIMERIE D'ALBERT BOTTERO

Place Saint-Léger, 51

1871

RAPPORT

Dans toute administration bien coordonnée, un compte-rendu est utile pour que les intéressés puissent apprécier sa direction et voir si elle est en harmonie avec son but.

En ce qui concerne la Société établie dans notre département pour l'organisation des secours aux blessés militaires, un compte-rendu financier est prescrit par l'article 14 du règlement; il est devenu en outre une nécessité pour les membres du Comité central qui, quoique chargés seulement *provisoirement* de la direction des travaux, se sont trouvés dans l'obligation de continuer leur fonctions jusqu'à ce jour.

La rapidité des événements, la difficulté de réunir la généralité des membres de la Société, la nécessité de pourvoir dès la constitution de cette Société aux besoins quotidiens et urgents de la position, ont été la cause de cette prorogation des attributions du Comité *provisoire*.

Il est du reste essentiel que vous connaissiez notre véritable position financière.

Tels sont les motifs qui nous ont poussé à rédiger ce rapport que nous aurions désiré vous présenter plus tôt, ce que nous n'avons pu faire par défaut de documents positifs, n'ayant pu obtenir que ces derniers jours l'assurance du règlement de notre actif avec les autorités administratives militaires.

Nous devons immédiatement déclarer que la tâche de ce Comité a été bien facilitée par le concours empressé et spontané de tous les membres actionnaires auxquels les occupations et la santé permettaient de se rendre utiles dans cette œuvre de dévouement et de charité.

La position financière est excellente, les ressources de la Société ont été abondantes, elles sont loin d'être absorbées par les secours donnés aux militaires malades et blessés.

Vous aurez à statuer sur l'application du restant disponible.

Il nous importe de ne pas anticiper sur les événements, de les suivre progressivement dès le début de cette funeste guerre, dont la déclaration était repoussée dans notre Savoie par l'opinion publique, et qui a été la cause de tant de malheurs et de tant de désastres pour la France.

Le philosophe et l'historien pourront puiser des renseignements instructifs sur cette lutte entre deux peuples qui semblaient vouloir s'entre-détruire. Quant à nous, nous y avons vu une démonstration éloquente des maux de la guerre et de l'utilité des Sociétés de secours.

Une fois engagée, elle a été l'occasion pour nos compatriotes, soldats, mobiles ou francs-tireurs, de déployer devant l'ennemi cet entrain, ce courage, cette bravoure qui sont l'apanage des habitants de nos montagnes, de sceller par leur sang notre union avec la France, de prouver que nous voulions lui rester attachés dans l'infortune comme dans le bonheur.

Le concours empressé, moral, financier et matériel des personnes des deux sexes, de tout âge, de toute condition, pour le soulagement de nos militaires blessés ou malades, est venu nous prouver aussi que les sentiments d'énergie, de dévouement patriotique, de charité, ne sont pas éteints dans notre chère patrie; que les épreuves, au contraire, que nous avons traversées les ont rendus plus vifs, plus ingénieux que jamais.

C'est de cette partie que nous allons nous occuper spécialement, puisque notre Société a eu pour but de *porter directement secours aux blessés militaires en organisant pour cet objet des ambulances fixes et volantes, et en veillant aux soins à donner aux blessés de passage.*

Mais pour embrasser la série des secours accordés et des soins donnés dans le département de la Savoie à nos militaires, en dehors de ceux prodigués par l'administration de l'hôpital militaire, nous devons mentionner qu'un Comité, nommé précédemment par M. le Préfet sous le titre de *Comité départemental de secours aux victimes de la guerre,* avait pour mission de recueillir les offrandes en nature et en argent pour les blessés et les familles des militaires, et de statuer sur leur emploi. Ce Comité subsistant toujours, et ses attributions étant indépendantes de la formation des ambulances et des soins à donner, nous n'avons pas à entrer dans les détails de sa gestion. Nous avons cru devoir seulement signaler ici son existence, soit parce qu'une partie des secours par lui recueillis ont été affectés au service des ambulances, soit parce que les dons remis, perçus dans notre pays, ont puissamment contribué à soulager des malheureuses victimes de la guerre.

Il nous convient de nous étendre un peu plus sur un autre

Comité, qui a aussi fonctionné sous le nom de *Commission
départementale chargée de veiller au service et à l'entretien
des lits des soldats blessés à recevoir dans le département
de la Savoie,* qui a cessé ses fonctions en fusionnant avec
notre Société.

Cette Commission, instituée par arrêté de M. le Préfet du
12 septembre 1870 (A), s'est occupée spécialement de diriger
et de surveiller des ambulances dans notre ville de Chambéry.

Ses délibérations nous fournissent les documents suivants
sur sa direction et son administration.

Le retard mis dans l'arrivée des militaires blessés, et
surtout l'état sanitaire de la garnison de Chambéry, avait
engagé la Commission à adhérer à la demande de M. le
Préfet et de M. l'Intendant militaire, en substituant aux
blessés des militaires malades non atteints de maux con-
tagieux. Par délibération du 16 novembre, elle a décidé que
100 lits, dont 50 placés aux hospices et 50 au couvent des
Pères Capucins, seraient consacrés aux soldats malades de
la garnison de Chambéry, et que 25 lits, placés à la Salle
d'asile, seraient réservés exclusivement pour les blessés
qui pourraient arriver.

Ces trois ambulances ont d'abord commencé à fonctionner;
elles ont produit des résultats excellents en ce que, grâce
surtout aux visites et aux sages prescriptions des médecins-

(A) Ont été nommés membres de cette Commission **MM.** Molin Lucien, Parent
Nicolas, Python Jean-Jacques, avoué, D'Oncieu de la Bâtie César, De Ville de Travernay Joseph, Goybet Pierre, Jarrin, médecin, Bebert François, pharmacien.

Le bureau a ensuite été constitué de la manière suivante : **M.** De Ville de Travernay, président ; **M.** Bebert, secrétaire ; **M.** Goybet, trésorier.

chirurgiens, aux soins assidus prodigués par les Pères Capucins, les religieuses de St-Vincent-de-Paul et de St-Joseph, les malades ont pu obtenir les soulagements désirables et opportuns.

Nous entrerons dans quelques détails sur chaque ambulance.

PREMIÈRE AMBULANCE.

HOSPICES DE CHAMBÉRY, SOIT HÔTEL-DIEU ET HÔPITAL SAINT-FRANÇOIS.

Dès le 12 novembre 1870 jusqu'au 15 janvier 1871 le nombre des soldats entrés a été de 106, savoir : 51 à l'Hôtel-Dieu et 55 à l'hôpital Saint-François; il en est sorti 36 de l'Hôtel-Dieu, dont 10 décédés, et 28 de l'hôpital St-François.

Au 16 janvier il en restait 15 à l'Hôtel-Dieu et 27 à l'hôpital Saint-François, qui ont continué d'être à la charge de la Commission des hospices jusqu'à leur guérison ou jusqu'au 28 janvier, époque à laquelle la Société internationale a commencé à fonctionner dans les établissements des hospices.

Le nombre des journées de maladie a été jusqu'au 16 janvier de 2,762, dont 1,333 à l'Hôtel-Dieu et 1,429 à l'hôpital Saint-François.

Ces malades ont été visités, soignés et entretenus par le corps médico-chirurgical desdits hôpitaux, les Sœurs de Saint-Vincent-de-Paul et l'administration des hospices.

DEUXIÈME AMBULANCE.

COUVENT DES PÈRES CAPUCINS.

Cette ambulance a commencé à recevoir des malades le 19 novembre.

Les Pères Capucins ont fourni 20 lits avec les paillasses et une couverture par lit; le matériel pour autres 30 lits, les couvertures nécessaires, ainsi que les draps et autres objets de lingerie, ont été prêtés bénévolement par la Commission des hospices.

De cette manière 50 lits ont été mis à la disposition des militaires malades.

La Commission a fait l'acquisition de quelques meubles encore nécessaires pour compléter le service.

Les prescriptions médico-chirurgicales ont été données gratuitement par M. le docteur Jarrin; il était assisté de deux élèves internes. Les Pères Capucins ont prodigué aux malades des soins intelligents et assidus.

Les frais d'installation, ceux nécessaires pour l'alimentation, le chauffage, l'éclairage, le blanchissage et la fourniture des médicaments à prix réduit par M. Dorlyé, pharmacien, ont été payés par le Trésorier avec les fonds que le Comité départemental de secours aux victimes de la guerre avait bien voulu mettre à la disposition des ambulances.

Dès le 19 novembre 1870 jusqu'au 16 janvier 1871, il a été dépensé 2,453 fr. 50 c.

Le nombre des journées des malades a été de 1,943.

On a eu ainsi une moyenne de dépense par jour, pour chaque malade, de 1 fr. 26 cent. 27 dix-millièmes.

Le nombre des décès n'a été que de deux.

TROISIÈME AMBULANCE.

SALLE D'ASILE.

25 lits ont été organisés dans cette ambulance par les soins des Dames de Marie ; dès le commencement de janvier le nombre de ces lits a été augmenté et porté à 50.

Les premiers blessés sont arrivés le 19 novembre 1870.

Les visites et les prescriptions médico-chirurgicales ont été faites par MM. les docteurs Besson et Dénarié.

Les soins ont été prodigués et les pansements faits par les Sœurs de Saint-Joseph, aidées des dames de la ville.

Jusqu'au 1er janvier, les dépenses ont toutes été à la charge des Dames de Marie ; du 1er au 15 janvier, les journées des malades ont été payées aux Sœurs de St-Joseph à raison de 1 fr. 25 c. pour chaque journée de maladie ; les fonds ont été fournis par les Dames de Marie à concurrence de 241 fr., et de 466 fr. 50 c. par le Comité départemental de secours aux victimes de la guerre.

Le nombre total des journées pour les militaires blessés soignés à la Salle d'asile a été de 1,023.

Si nous résumons le total des trois ambulances, nous avons un total en journées de malades de 5,728 ; en les calculant en moyenne à 1 fr. 25 c. par journée, nous avons une somme de 7,160 fr., dont 2,920 fr. ont été donnés par le Comité départemental de secours.

Dans les premiers jours de janvier, la Société internationale pour les secours aux militaires blessés s'étant organisée à Chambéry pour le département, la Commission nommée par M. le Préfet le 12 septembre, pour ne pas établir un concours qui aurait pu être préjudiciable aux malades et aux blessés, et ayant épuisé les fonds dont elle pouvait disposer, a cru devoir cesser ses fonctions le 16 janvier et laisser à la Société internationale, dont les membres de la Commission préfectorale faisaient partie, le soin de venir au secours des blessés.

Le Comité de la Société internationale, en formant son bureau, voulut bien dès lors s'adjoindre le Président de la Commission préfectorale pour les ambulances fixes, soit pour le service et l'entretien des lits aux militaires blessés.

Le Président et le Secrétaire du Comité départemental de secours aux victimes de la guerre furent aussi désignés pour faire partie du Comité provisoire de ladite Société internationale pour l'organisation des secours aux blessés militaires dans le département de la Savoie.

Ce Comité directeur se trouva ainsi composé, à titre provisoire :

MM. Python Victor, banquier........... *Président.*
De la Chavanne Christin, banquier.. *Vice-Présid*.
Rey Emile, avocat................. *Secrétaire.*
Milan François, propriétaire .... *Trésorier.*
Guiter père, rentier ....⎫
Salteur de la Serraz, propriétaire...⎬ *Membres du Comité.*
Dénarié, docteur-médecin..........⎭

MM. Forest Félix, manufacturier........ \
    D'Oncieu de la Bâtie César, prési-\
    dent du Comité départemental de\
    secours. ....\
    François Victor, secrétaire dudit Co-   *Membres*\
    mité départemental.............   *du Comité.*\
    De Ville de Travernay Joseph, pré-\
    sident de la Commission des ambu-\
    lances fixes....................../

M. Rey ayant été obligé de s'absenter, a été ensuite remplacé, en sa qualité de Secrétaire, par M. de Faverges Edouard, auquel a été adjoint en aide M. Bottero, imprimeur.

Dès le 16 janvier les services de la Société ont commencé à fonctionner, et les ambulances ont été ouvertes à son nom pour les militaires blessés ou malades.

Le couvent des Pères Capucins a été laissé provisoirement à la disposition de l'autorité dirigeant l'hôpital militaire comme succursale de cet hôpital; plus tard il a été aussi destiné comme ambulance à recevoir les militaires à la charge de notre société.

Pour procéder avec ordre nous traiterons :

1° De l'organisation générale de la Société, des Sous-Comités locaux, du nombre des actionnaires, des secours perçus en nature et en argent, de l'administration des divers services, des ambulances ouvertes pour les soins à prodiguer, des dépenses soit de l'emploi des cotisations et des dons;

2° De l'installation de chaque ambulance séparément, en énonçant leur direction matérielle et médicale, le nombre de militaires entrés, des journées de maladie et des décès;

3° Des ressources encaissées et des dépenses faites pour

l'ambulance volante destinée à accompagner sur le champ de bataille nos mobilisés ;

4° Nous résumerons dans un tableau l'actif, le passif de la Société, le restant en caisse, et poserons les conclusions de ce rapport.

I.

La première préoccupation du Comité directeur de Chambéry a été nécessairement, après la confection d'un règlement, de songer à la création des ressources nécessaires à la réalisation de la Société, à la centralisation des secours en nature et en argent, ainsi qu'à la formation des infirmeries pour recevoir les militaires blessés ou malades.

Le moyen certainement le plus puissant était de permettre au plus grand nombre possible de personnes de contribuer à notre œuvre ; il importait par conséquent de généraliser, d'universaliser les secours tout en centralisant et régularisant le mouvement des blessés et des malades.

C'est pourquoi l'article 3 du règlement a déclaré que la Société se composait de toutes les personnes qui verseraient la somme de vingt francs.

Le même règlement a ensuite déterminé que des Sous-Comités d'action seraient créés au chef-lieu du canton pour aider le Comité central dans ses travaux, solliciter et recueillir les cotisations des sociétaires, les dons en argent, les dons en nature et les offres de services de tout genre.

Par le moyen de cette détermination, nous avons eu l'adhésion d'un grand nombre de personnes, la formation de onze Sous-Comités, l'ouverture de six ambulances en dehors de celles de Chambéry, des dons considérables en nature et en argent, ce qui nous a permis de nous constituer seulement en Société départementale.

Les ressources obtenues nous ont permis, disons-nous, de nous constituer en Société départementale, c'est-à-dire que nous n'avons pas cru nécessaire de nous rattacher au Comité central de France, qui a son siége à Paris, soit parce que nous aurions dû verser le cinquième de nos souscriptions, que celles-ci au lieu de 20 fr. auraient dû être de 30 fr., que la part qui aurait pu revenir aux militaires de notre département en sus des sommes par nous perçues était bien aléatoire, que finalement nous avions le moyen de procurer les soulagements nécessaires en nous limitant à notre département sans dépendre d'un conseil centralisateur.

En adhérant aux principes généraux énoncés dans la conférence internationale de 1863 et dans la convention signée à Genève le 22 août 1864, nous participions tout de même aux avantages de cette convention.

Des Sous-Comités pour les secours aux blessés militaires, grâce à l'initiative de personnes dont le bon cœur ne manque jamais une occasion de se manifester, se sont formés à Aix-les-Bains, Albens, la Rochette, Montmélian, Pont-de-Beauvoisin, Yenne, Albertville, Grésy-sur-Isère, Ugines, St-Jean-de-Maurienne, Aiguebelle.

L'impulsion donnée par le Comité directeur ainsi que par les Sous-Comités cantonaux ci-dessus énumérés nous ont procuré un nombre de 508 Sociétaires, parmi lesquels nous comptons plusieurs dames, qui ont voulu mettre en évidence leurs sentiments patriotiques en même temps que suivre l'impulsion de leur âme toute dévouée à la bienfaisance.

Les dons en nature et en argent ont été abondants : ceux-ci se sont élevés, sans comprendre 10,160 fr. de cotisations de Sociétaires, à 17,682 fr. 30 cent., dont le plus important est celui de 4,850 fr., transmis par les Sœurs de Saint-Joseph de Copenhague (Danemark) (A).

Les offrandes en nature ont été considérables : des linges, des vêtements, du vin en fût et en bouteille du pays et étranger, de l'eau-de-vie, bien des comestibles ont été remis pour le soulagement de nos braves militaires (B); il nous serait impossible d'apprécier la valeur de tout ce qui a été remis en nature, mais nous pourrions certainement la porter au moins à 10,000 francs.

Nous avons pu ouvrir et entretenir à Chambéry cinq infirmeries, une aux hospices, une à la salle d'asile dite de Saint-Joseph, une dans la maison de Saint-Benoît, une au couvent des Capucins, et une vers la gare, soit au rez-de-chaussée de la maison de M. Mollard. Nous avons même fait des distributions, notamment en médicaments, dans les communes rurales où étaient cantonnés les militaires.

En dehors de notre ville, des ambulances ont été établies :

1º A Aix-les-Bains, à Marlioz et au couvent des Pères

(A) Le détail, du reste, de tous les dons a été inséré dans les journaux.

(B) Nous devons signaler l'apport d'une voiture chargée de flanelles, tricots, chaussures, chemises, etc., amenée par des membres de la Société de secours aux blessés de la ville de Mâcon pour les soldats de Belfort, et distribués à ceux-ci par les soins de notre Association.

d'Hautecombe, toutes trois dirigées par le Sous-Comité d'Aix-les-Bains ;

2° Au pensionnat des Frères de la Motte ;

3° A l'hospice de Montmélian ;

4° A Albertville ;

5° A l'hôpital de St-Jean-de-Maurienne ;

6° A Aiguebelle.

Les Dames religieuses du Sacré-Cœur et M. le comte de Boigne ont en outre entretenu entièrement à leurs frais deux infirmeries : la première de dix lits, et la seconde, à Buisson-Rond, de six lits. Quelques autres personnes ont aussi pris à leur charge les soins à donner à un ou deux militaires malades.

Pour la correspondance, la tenue régulière des registres, la concentration des dons, leur distribution, la fourniture du matériel nécessaire aux ambulances, la surveillance de celles-ci, la réception des malades à la gare de Chambéry, les soins à leur prodiguer à leur arrivée, leur répartition dans les diverses infirmeries selon le nombre des lits vacants, leur évacuation sur d'autres ambulances, sur le dépôt de leurs régiments ou leur domicile, il nous a été nécessaire de former diverses Commissions et de nous procurer des locaux.

Dans le but d'accélérer la marche des services, les diriger selon leurs attributions, les Commissions, composées de plusieurs Sociétaires qui ont prêté un concours puissant à l'œuvre, ont été divisées comme suit : Commission 1° de correspondance, 2° du matériel, 3° des ambulances fixes, 4° de réception des blessés ou malades, 5° de leur évacuation.

Grâce aux offres de MM. le baron d'Alexandry et le baron du Bourget, nous avons pu installer dans un magasin de la rue de Maistre le service central pour percevoir les dons et cotisations, ainsi que pour mettre en ordre les objets en nature et les distribuer selon les besoins; le secrétariat et la salle pour les délibérations du Comité ont été établis dans un appartement de la rue de la Métropole.

Pour la réception des blessés ou malades à la gare, M. Cantillon, inspecteur du chemin de fer, a bien voulu mettre à la disposition des Commissaires un local spécial ainsi qu'un garçon de peine.

Les membres de la Société chargés des services ci-dessus énoncés étaient constamment aux postes indiqués; ils ont déployé tout le zèle possible, et n'ont pas craint de donner tout leur temps aux occupations qu'ils s'étaient imposées; grâce à eux, nous devons le dire, tout a été dirigé avec ordre et régularité.

Pour que notre œuvre fût générale et pût atteindre plus facilement son but, nous devions solliciter le concours des dames, dont les sentiments si délicats, si charitables, n'attendaient que l'occasion pour se dévouer au soulagement de leurs chers blessés. C'est ce que nous avons fait en formant un Comité de dames, et en les priant de vouloir bien nous seconder dans les soins à donner et dans la centralisation des secours en nature.

Les dames sociétaires de l'Internationale, avec les femmes des membres du Comité et des diverses Commissions, se sont réunies le 1er février 1871, à l'Hôtel-de-Ville, et ont procédé à la constitution de leur bureau. Ont été nommées : Présidente, Mme la marquise Costa de Beauregard (Léon); Vice-Présidentes, Mmes Gabet (notaire) et Python (Victor); Secrétaires, Mmes Goybet (Pierre) et de Ville de Travernay (Joseph).

Toutes les dames faisant partie de la Société se sont

d'abord mises à l'œuvre. Elles organisèrent immédiatement un ouvroir pour la confection et la réparation du linge et des vêtements nécessaires à nos ambulances ; elles se réunissaient pour ce trois fois par semaine dans un salon mis à leur disposition. Toutes, confondues dans une seule pensée, celle d'utiliser leur savoir et leur activité , voyaient arriver avec regret la chute du jour qui , ne leur permettant plus de continuer leurs travaux, les obligeaient à se séparer.

Chargées d'aider les bonnes Sœurs de Saint-Joseph pour les soins à donner dans l'ambulance de la maison Mollard, le nombre des dames qui se présentèrent comme infirmières a été considérable ; elles voulaient presque toutes apporter leur concours de bonne volonté ; il a fallu que Madame la Présidente, dans l'intérêt du service et des malades, qui se seraient trouvés fatigués de se voir continuellement en présence de visages étrangers et légèrement intimidants, leur opposât aux demandes réitérées un refus, et en limitât le nombre.

Nous voudrions avoir des expressions suffisantes pour vous décrire les attentions suivies de nos infirmières, leur activité, leur onction délicate dans le bien, leur devouement dans les fonctions même les plus humbles.

Un pauvre estropié supplie-t-il qu'on envoie des nouvelles à sa mère , vite une de ces dames , dont la vertu égale l'abnégation, prend une plume, écrit sous la dictée, et porte ainsi la consolation dans deux cœurs qui la béniront. Un brave militaire effrayé, tourmenté de sa position, montre-t-il du chagrin, celle de ces dames qui s'en aperçoit la première prend un livre , fait une lecture religieuse , morale ou divertissante , et apporte ainsi la joie et l'espérance dans ce cœur abattu.

Ce que nous vous disons de l'ambulance de la gare doit également s'appliquer à celle de la Salle d'asile, où les Dames de Marie , dont plusieurs membres de notre Société , spécialement chargées de cette école enfantine, sous la présidence de Mme la comtesse Costa (Eugène), ont voulu aussi ne pas laisser tout l'embarras aux Sœurs directrices. Nous avons vu dans cette ambulance les mêmes attentions , les mêmes dévouements.

Pour vous citer un fait spécial , nous avons été témoin journellement des leçons données par une de ces dames à de braves mutilés du bras droit , pour apprendre à écrire de la main gauche, et ainsi pouvoir transmettre leur pensée à des êtres chéris.

Le travail réglementaire hebdomadaire était aussi pour ces dames , pendant ces jours néfastes de la guerre , consacré en faveur des vêtements et des linges utiles à nos malheureux soldats.

Finalement nos dames , non contentes de donner beaucoup, s'établissent encore en quêteuses et ne craignent pas de parcourir de grandes distances pour obtenir des fortifiants, des douceurs pour nos pauvres blessés ; elles augmentent ainsi nos provisions.

Quelques-unes des dames de notre ville obtiennent la faculté de visiter les soldats soignés à l'hôpital militaire et à la succursale du Manége, presque tous atteints de la fièvre typhoïde ou de la petite vérole ; heureuses de cette autorisation, oubliant le danger qu'elles peuvent courir , elles apportent vite des secours moraux et matériels à ces pauvres malades délaissés ; elles se font solliciteuses et obtiennent de notre Comité 1,400 fr., qu'elles emploient à l'acquisition d'une foule d'objets propres à adoucir des moments si pénibles; elles les joignent à leur offrande particulière et aux dons qu'elles ont pu recueillir; elles inspirent ainsi du courage aux malades; elles apportent des consolations à leur misère, dont ils se montrent bien sensibles.

Que le Comité des dames nous permette d'être l'interprète de la reconnaissance de nos pauvres militaires malades et blessés , ainsi que de notre Société , pour tout le bien qu'elles ont fait.

Après vous avoir énoncé notre organisation, nous vous entretiendrons en général de l'ouverture des ambulances, du nombre de lits affectés à nos malades et des dépenses qui ont été soldées.

Au moment d'ouvrir nos infirmeries, nous nous sommes procurés auprès de l'autorité militaire l'assurance du paiement d'une somme de un franc pour chaque journée de maladie.

Cette promesse, faite d'abord verbalement, a été ratifiée par des conventions régulières passées entre notre Président et M. l'Intendant militaire, le 24 janvier 1871.

Les dépenses, dans le fait, que nous faisions pour les militaires auraient dû toutes être à la charge du Gouvernement, et nous lui procurions un grand avantage en fournissant les locaux, le matériel nécessaire, la différence entre la dépense réelle et la somme à rembourser, et en plus le personnel pour les soins et la direction.

L'intendance militaire s'est obligée à nous payer pour chaque journée de traitement de malade la somme de 1 fr. ; pour chaque sortie externe, 30 cent.; pour chaque sépulture, 10 fr. ; toutes les fournitures restant à notre charge, à l'exception des béquilles , jambes de bois et bandages herniaires, qu'elle devait nous rembourser.

Il est facile de comprendre qu'il aurait été impossible à la Société de faire face aux exigences du moment avec cette seule ressource; que bien des journées de traitement ont dû échapper pour l'annotation régulière ; que les soins opportuns à l'arrivée de nos chers malades , les vêtements nécessaires pendant leur séjour dans nos ambulances et lors de leur départ ont été prodigués sans remboursement aucun.

Nous n'avons qu'à nous louer des rapports que nous avons dû entretenir avec M. l'Intendant militaire ou son représentant.

Pour assurer le remboursement par l'administration de la guerre, à notre Société, des sommes promises; pour constater ce que nous aurions à remettre aux différentes ambulances pour les avances par elles faites au compte de la Société , et pour établir une statistique aussi régulière que possible, nous avons dû ouvrir dans tous nos dépôts, ainsi qu'au secrétariat , des registres nominaux d'entrée et de sortie tenus par des personnes dévouées.

Grâce à ce travail , il est constaté que le Gouvernement était notre débiteur de la somme de........... 21,951 80

Dont : 1º Pour journées de soins.. 20,797 »

2º Pour sorties à 30 cent... 454 80

3º Pour inhumations à 10 fr. 470 »

4º Pour jambes de bois..... 80 »

5º Pour timbres........... 150 »

Nous avons déjà reçu....................... 11,500 »

Nous avons encore à percevoir............. 10,451 80

Espérons que la rentrée de cette somme ne tardera pas à se réaliser.

Entre nos diverses infirmeries nous avons pu un moment avoir à notre disposition 474 lits.

Nous avons procuré des soins à plus de 1,500 militaires, sans comprendre la nourriture, les fortifiants et les médicaments remis aux soldats de passage qui ne s'arrêtaient pas à Chambéry.

Grâce aux soins et aux bonnes prescriptions médicales, les décès n'ont été que de 50.

Les journées de traitement se sont élevées à 22,047.

Quoique bien des personnes aient contribué au soulagement de nos malheureux militaires, pourtant nous devons une mention particulière à nos corporations religieuses. Les Dames religieuses du Sacré-Cœur, les Sœurs de Saint-Vincent-de-Paul, les Sœurs de Saint-Joseph, les Pères Capucins, les Frères de la doctrine chrétienne nous ont prêté un concours important.

Il nous ont prouvé une fois de plus que la charité qui s'inspire de Dieu et de l'amour du prochain est douce, efficace et vénérable.

Nous les prions d'agréer nos remercîments et les expressions de reconnaissance de nos chers blessés et malades.

Les Séminaristes de notre diocèse voudront bien aussi en prendre leur part pour les soins prodigués pendant les veillées.

Avant de passer au résumé des dépenses, nous avons à vous dire quelques mots sur la terrible catastrophe du 15 mars, qui a mis le deuil et la désolation dans notre ville.

L'explosion de la cartoucherie de Sainte-Claire a occasionné bien des morts et des maladies; elle a rendu orphelins bien des enfants.

Le sentiment public s'est ému, non-seulement dans notre ville, mais encore à l'étranger.

En envisageant ces personnes comme des victimes de la guerre autant que ceux qui avaient affronté les périls sur les champs de bataille, nous avons voté en leur faveur une somme de 1,200 fr., et avons ouvert une souscription dans nos bureaux. Notre Président, intermédiaire du Comité de la Société internationale de Genève et du Comité de secours de Lausanne pour les prisonniers français, a été heureux de recevoir : du premier, 3,000 fr., et de celui-ci, 500 fr., et de les faire entrer dans la caisse destinée au soulagement desdites victimes ou de leur famille.

Grâce à ce concours, nous avons obtenu que notre Président fût en même temps président du Comité nommé pour la répartition des secours, et que notre Société y fût grandement représentée.

Les dépenses que nous avons faites pour notre œuvre, et qui ont été soldées par notre Trésorier, se résument ainsi :

1º Pour frais d'entretien, de nourriture et de médicaments aux diverses ambulances...................... 27,190 15

2º Pour l'établissement, l'aménagement des ambulances, indemnités et autres dépenses générales.. 5,843 35

3º Pour frais de bureau..................... 730 50

4º Pour procurer des médicaments à l'infirmerie de l'artillerie mobilisée................. 67 »

5º Pour aider à l'organisation du service médical de la première légion des mobilisés ...... 100 »

6º Pour contribuer au soulagement des soldats

A reporter.... 33,931 »

Report.... 33,931   »

soignés à l'hôpital militaire ou à la succursale
du Manége................................... 1,400   »

7° Pour les victimes de l'explosion de la cartoucherie de notre ville (événement du 15 mars
1871)... 1,200   »

8° Pour les inondés de la Suisse orientale; il
était convenable de prouver notre sympathie à
cette nation, notre reconnaissance pour le bien
fait à nos malheureux militaires, et pour les dons
envoyés à notre Président pour les victimes du
15 mars, *transmis mille francs* 1,003. 30

Total......... 37,534 30

II.

Dans ce chapitre, nous fournirons les détails pour chaque
ambulance.

SALLE D'ASILE, SOIT SAINT-JOSEPH.

Comme nous l'avons dit plus haut, dès que les événements
nous ont fait prévoir l'arrivée dans notre ville de militaires
blessés, les Dames de Marie, qui dirigent si admirablement
notre Salle d'asile , se sont empressées de destiner deux
grandes salles pour une infirmerie. Nous avons déjà énoncé
que 50 lits avaient été mis à la disposition de la Commission
départementale ; que toutes les fournitures avaient été à la

charge des Dames jusqu'au 1er janvier; que dès lors les journées des malades avaient été payées aux Sœurs de Saint-Joseph à raison de 1 fr. 25 c. par journée; que des fonds avaient encore été fournis à concurrence de 241 fr. par la même congrégation des Dames.

La Société internationale des secours aux blessés a donc, dès son installation, trouvé une ambulance toute organisée; elle en a profité. Les lits ont été encore augmentés successivement de 40, tellement que des soins ont pu être prodigués à 90 militaires. Les Sœurs de Saint-Joseph , avec l'aide et sous la direction des Dames de Marie , chargées de cette ambulance, étaient pleines de prévoyance, d'attention pour nos malheureux blessés; elles se multipliaient pour que rien ne leur manquât; elles ne voulaient pas d'autre aide, même pour la nuit, et s'occupaient elles seules des veillées.

Les visites médico - chirurgicales étaient faites régulièrement, chaque matin, par M. le docteur Besson, médecin en chef, dont le zèle et le dévouement ne se sont pas ralentis un seul instant; il était aidé par M. le docteur Dénarié, et successivement par M. le docteur Revel.

Que ces Messieurs , ainsi que les autres médecins-chirurgiens qui avaient bien voulu se charger du service médico-chirurgical dans nos ambulances , reçoivent nos remercîments.

A l'ambulance de Saint-Joseph, du 16 janvier au 24 avril 1871, le nombre des militaires entrés a été de 361 ; on a constaté 4 décès. Le nombre des journées de soin a été de 6,084.

La dépense d'entretien s'est élevée à 7,863 fr. 85 cent., compris 258 fr. 85 cent. pour la nourriture et le coucher de 293 militaires de passage.

HOSPICES DE CHAMBÉRY.

Dès le 27 août 1870, la Commission administrative des hospices de Chambéry, se préoccupant du sort des blessés par l'effet de la guerre, et voulant s'associer à l'œuvre philanthropique des soins à leur donner, avait offert à M. le Préfet la disponibilité de 50 lits pour les militaires blessés, ainsi que la remise des médicaments à prix réduit pour les autres ambulances. Nous avons énoncé plus haut comment la Commission départementale en avait profité et le grand bien qui en était résulté.

Le nombre considérable des malades reçus à l'Hôtel-Dieu, même parmi les mobiles et les mobilisés, ne permettant plus à la Commission des hospices d'admettre gratuitement les militaires, notre Société, désireuse de profiter des locaux parfaitement appropriés et du personnel habitué aux soins des malades, sollicita l'admission des militaires moyennant une rétribution de 1 fr. 25 cent. par journée et de 10 fr. pour chaque décès, ce qui fut accepté.

De nombreux lits ont été placés et appropriés à l'hôpital St-François, dont le service médico-chirurgical a été confié à M. Besson, médecin-chirurgien titulaire dudit établissement.

Dès le 28 janvier jusqu'au 9 juin, 209 militaires ont été soignés et entretenus, soit à l'Hôtel-Dieu, soit à l'hôpital St-François. Le nombre de journées de séjour a été de 3,355; la dépense s'est élevée à 4,563 fr. 75 c., y compris 370 fr. pour sépultures, dont 280 fr. pour 28 décédés dans lesdits

établissements et 90 fr. pour 9 décédés dans d'autres ambulances.

Le personnel des hospices, bien organisé, a apporté tout
son concours à notre œuvre de bienfaisance ; citer les Sœurs
de Saint-Vincent-de-Paul, chargées du service, c'est vous
dire que nos militaires étaient sûrs de rencontrer le dévouement dont elles sont inspirées pour le soulagement des personnes malades et infirmes ; elles se multipliaient pour que
les autres œuvres ne pussent en souffrir.

Les veillées ont été faites à l'Hôtel-Dieu par les Sœurs et
les veilleuses ordinaires, à l'hôpital Saint-François, au début,
par les Sœurs et les habitués de la Charité ; par la suite, le
service devenant très pénible, les Séminaristes ont offert leur
concours et l'ont rempli avec dévouement pendant environ
deux mois, en étant chaque nuit deux de garde.

Les médecins-chirurgiens, inspirés du même zèle qu'ils
déploient dans les visites des malades ordinaires, donnaient
à nos militaires tout le temps nécessaire, et contribuaient par
leur science et leurs encouragements à apporter la guérison,
l'espoir, le courage dans ces âmes attristées.

GARE, SOIT MAISON MOLLARD.

La nécessité d'augmenter nos ambulances et l'utilité d'en
avoir une à proximité de la gare ont engagé votre Comité à
ouvrir une infirmerie dans la maison de M. Mollard, où deux
vastes magasins se trouvaient inoccupés. L'entente avec le
propriétaire pour le prix du loyer a été bientôt établie, et
grâce au matériel pour le coucher, fourni par l'administration
militaire, nous avons pu organiser 34 lits.

Cette ambulance, spécialement destinée à recevoir les militaires arrivants et à servir pour ainsi dire d'entrepôt, a été dirigée par nos bonnes Sœurs de St-Joseph, dont 2 professes et 2 converses étaient journellement de service; elles étaient continuellement secondées et assistées par nos dames infirmières, qui voulaient bien donner leur temps et leur concours, ainsi que nous l'avons déjà expliqué en parlant de la formation du Comité des dames.

Il est facile de comprendre le travail qu'il y avait dans cette ambulance, l'embarras qu'on aurait rencontré sans une direction douce et ferme en même temps, lorsqu'on envisage qu'il a fallu songer à toute l'organisation matérielle, que dans ce local arrivaient tous les militaires pour être ensuite dirigés sur les diverses infirmeries, que les dépenses ont dû être faites en régie, que les écritures étaient nombreuses et compliquées.

Grâce au bon concours de nos dames, au dévouement des Sœurs de Saint-Joseph et surtout à l'expérience de la Sœur directrice, nous pouvons dire que le service allait aussi bien que possible. M. le docteur Dénarié était médecin de cette ambulance. Les médicaments ont été fournis à prix réduit par M. Bonjean, pharmacien.

Les veillées pour la nuit étaient faites par des Séminaristes et des Frères de la doctrine chrétienne.

Du 31 janvier au 31 mars, cette ambulance a reçu 452 militaires qui ont exigé 1,967 journées de soins. Quatre décès ont eu lieu. La dépense s'est élevée à 2,841 fr. 55 cent.

Il est à observer qu'outre les 1,967 journées de malades, auxquels tout a été fourni, plusieurs autres militaires ont reçu dans cette ambulance des repas ou quelque boisson fortifiante, ou des soins médicaux.

COUVENT DES CAPUCINS.

A la dissolution de la Commission départementale des ambulances, nous aurions été désireux d'utiliser pour notre œuvre les locaux, le matériel et les soins intelligents des Pères Capucins; mais, dans l'intérêt des malades qui n'auraient pu entrer dans nos infirmeries, nous n'avons pas cru devoir immédiatement prendre possession de cette ambulance qui, par suite d'une convention avec l'intendance militaire, devenait une succursale de l'hôpital militaire.

Plus tard, l'administration de cet hôpital ayant établi une dépendance au Manége, et les Pères Capucins ayant mis à notre disposition un nouveau local dans leur couvent, nous avons saisi avec empressement cette occasion pour ouvrir une ambulance de 20 lits; elle a fonctionné du 5 mars au 18 avril; 54 militaires ont été entretenus et admirablement soignés par les Pères Capucins. M. le docteur Blanc, chargé des malades dépendant de l'administration militaire, a bien voulu étendre ses visites, ses prescriptions, ses soins aux nôtres.

Le nombre des journées de maladie a été de 571.

La dépense d'entretien pour cette ambulance, à raison de 1 fr. 25 cent. par journée, s'est élevée à 763 fr. 75 cent., compris 50 fr. pour décès.

Nous croyons devoir énoncer que du 26 janvier au 1er avril 113 soldats ont été retirés dans le couvent pour le compte de l'administration militaire, qu'ils ont reçu 2,445 journées de soins dévoués de la part des Pères Capucins qui s'en étaient chargés.

MAISON DE SAINT-BENOÎT.

L'administration de la Maison de Saint-Benoît, voulant contribuer à notre œuvre de secours aux militaires blessés, et s'inspirant ainsi de l'esprit de son généreux fondateur, a mis à notre disposition une infirmerie composée de 10 lits avec le personnel nécessaire.

Du 7 février jusqu'au 3 avril, 20 militaires ont eu l'entretien, les médicaments nécessaires, les soins des bonnes Sœurs de Saint-Vincent-de-Paul, les visites de M. le docteur Besson, chirurgien de la maison.

Un décès a eu lieu dans cette ambulance.

La somme que nous avons remboursée a été de 606 fr. 25 cent., pour 485 journées de maladie.

MAISON DU SACRÉ-CŒUR.

Les Dames religieuses du Sacré-Cœur, guidées par les sentiments de charité qui dirigent toutes leurs œuvres, ont offert pour nos blessés une infirmerie de 10 lits parfaitement organisée, en prenant à leur charge tous les soins moraux, matériels et médicaux.

Cette offre généreuse a été par nous acceptée avec empressement et reconnaissance.

Du 7 février au 1er avril, 21 militaires ont reçu tous les soins désirables. Le nombre de leurs journées de présence a été de 436.

M. le docteur Jarrin a bien voulu étendre ses visites, ses prescriptions à cette ambulance.

AMBULANCE DE M. DE BOIGNE.

M. le comte de Boigne, en suivant les inspirations de son cœur et les traditions de ses ancêtres, a pris aussi entièrement à sa charge l'entretien, les soins à fournir à quelques-uns de nos militaires blessés.

Dans ce but, il avait préparé dans son château de Buisson-Rond une infirmerie de 6 lits, et nous a prié de désigner les militaires à y diriger. Ce choix n'a pas été difficile.

Du 29 janvier au 18 avril, 11 soldats ou mobiles sont entrés dans cette ambulance; ils recevaient les visites médicales de M. le docteur Besson; ils en sont partis pleins de reconnaissance pour les soins qui leur avaient été prodigués.

Le nombre de leurs journées de présence a été de 484.

LA MOTTE.

Le magnifique pensionnat de la Motte-Servolex, dirigé par les Frères de la doctrine chrétienne, fournissait un emplacement propice pour l'établissement d'une ambulance.

Les Frères n'ont pas hésité à offrir le local et leurs soins.

90 militaires ont été admis dans cette ambulance; ils ont employé 1,046 journées. Deux décès sont survenus.

La dépense a été de 1,307 fr. 50 c.

AIX-LES-BAINS.

Le Sous-Comité d'Aix-les-Bains, vivement préoccupé du sort de nos blessés, a pu mettre à notre disposition trois locaux : un dans l'hôpital de cette ville, un autre à Marlioz où 20 lits avaient été préparés par les soins de M. Mottet, et un troisième à Hautecombe où les Pères de cette abbaye avaient aussi préparé 15 lits; en tout nous pouvions recouvrer 106 malades; nous étions sûrs qu'ils rencontreraient dans ces localités tous les avantages possibles, grâce au bon air, aux attentions des personnes préposées au service, à la faculté de pouvoir user des eaux, soit d'Aix, soit de Marlioz, aux prescriptions intelligentes des médecins de la localité, à la surveillance active des membres du Sous-Comité.

Aussi 235 militaires, dont quelques officiers, ont été envoyés dans ces ambulances. Quatre décès ont été constatés.

Le nombre des journées de soins s'est élevé à 5,811.

Les paiements faits par notre Trésorier sont arrivés à 7,491 fr. 50 c.

MONTMÉLIAN.

L'administration de l'hospice de Montmélian avait fait préparer 25 lits pour recevoir des militaires blessés. Elle a accepté de leur procurer l'entretien et les soins nécessaires moyennant un franc par journée, se chargeant de parfaire le surplus de la dépense avec les dons recueillis et les fonds de l'hospice.

29 militaires ont été reçus; un est décédé. Ils ont exigé 642 journées de traitement.

Une somme de 696 fr. 25 c. a été mandatée par notre Président pour cette ambulance.

ALBERTVILLE.

Les dons recueillis par le Sous-Comité de cette ville lui ont permis de faire face aux dépenses d'une infirmerie et même du transport des malades, moyennant le seul paiement par notre caisse de un franc pour chaque journée de traitement.

39 militaires ont été dirigés dans cette ambulance; nous avons dépensé 747 fr. pour 747 journées.

Les Pères Trappistes de Tamié avaient aussi offert de soigner 12 blessés; mais, eu égard à la difficulté des transports et à l'éloignement, nous n'avons pas cru devoir profiter de cette offre généreuse, dont nous n'avons pas moins été bien sensibles.

SAINT-JEAN-DE-MAURIENNE.

Le Sous-Comité de Saint-Jean-de-Maurienne nous a procuré une recette de 1,024 fr. 40 c., résultat des cotisations et des dons perçus; mais comme des dépenses avaient été faites pour 247 journées de soins prodigués à 17 militaires dans l'hôpital de cette ville, nous les avons remboursés à l'administration à raison de 1 fr. 25 c. par journée, moyennant un mandat de 308 fr. 75 c.

AIGUEBELLE.

L'ambulance de six lits établie dans cette ville ne nous a occasionné aucun frais. Le Sous-Comité y a fait face avec les dons perçus dans la localité.

Du 31 janvier au 31 mars, 172 journées ont été employées à soigner 18 militaires, dont un est décédé.

III.

AMBULANCE VOLANTE.

Le but de notre Société n'aurait pas été atteint si, concurremment avec les soins à donner dans nos diverses infirmeries, nous n'avions pas songé à constituer une ambulance volante, destinée à suivre nos mobilisés sur le champ de bataille.

Des jeunes gens, sous la direction de M. le docteur Dénarié, médecin, en prirent l'initiative. Nous devons une mention spéciale à M. Domenge, président, à M. Ringuet, caissier, et à M. le docteur Brachet, qui furent l'âme de cette création.

Les secours en nature et en argent affluèrent; une somme de 4,199 fr. 50 cent. fut réalisée.

Les dépenses qui ont été payées avec la recette ci-dessus sont montées à 1,778 fr. 25 cent.; elles ont eu pour objet l'achat d'un fourgon, les réparations nécessaires à celui-ci ainsi qu'à un break prêté par la ville, et l'emplette du matériel indispensable.

La différence entre la recette et la dépense, soit la somme de 2,421 fr. 25 cent., a été encaissée par notre Trésorier lorsque, après la paix, il a été évident que l'ambulance volante n'avait plus d'utilité.

IV.

De l'énoncé dans les chapitres précédents il ressort que notre position financière doit être établie comme suit :

Recettes.

Cotisations de 508 sociétaires..............	10,160	»
Dons en argent.........................	17,682	30
De l'Intendance militaire, acompte par suite de la convention du 24 janvier 1871, pour le traitement des militaires blessés.................	11,500	»
Total des sommes perçues	39,342	30

Dépenses.

Les sommes payées par notre Trésorier, comme il résulte de son livre de caisse, dont tous les articles sont justifiés par des mandats réguliers et pièces à l'appui, arrivent à...................	37,534	30
Le restant en caisse est par conséquent de ...	1,808	»

Sur ce montant il y aura encore quelques sommes à débourser, ainsi qu'on le voit par le registre des mandats, qui n'ont pas tous été présentés à notre Trésorier, et de légères dépenses qui ont pu être oubliées.

Mais nous avons encore à recevoir de l'Intendance militaire.............................	10,451	80
Nous pouvons par conséquent être asssurés d'un fonds restant arrivant au moins à........	11,000	»

Nous possédons encore plusieurs objets en literie, lingerie et mobilier des ambulances; ces objets, inventoriés, ont été retirés provisoirement chez les Sœurs de St-Joseph et chez les Pères Capucins; ils ne pourraient pas tous se conserver sans détérioration : les matelas et les couvertures en laine dont on ne se servirait pas seraient bientôt gâtés; il conviendrait ou de les vendre ou de les mettre en dépôt auprès de quelque administration qui en ferait usage avec charge de restitution, cas échéant.

Il importe aussi que les Sociétaires soient convoqués pour statuer sur l'application du fonds restant.

Ainsi nous vous proposons de réunir en assemblée générale les Sociétaires pour délibérer sur la continuation ou la dissolution de la Société, l'application du fonds restant et de celui à percevoir de l'Intendance militaire et la détermination à prendre sur les objets mobiliers des ambulances.

Joseph DE VILLE.

DÉLIBÉRATION

L'an mil huit cent soixante-et-onze, le douze août, le Comité central de la Société internationale pour l'organisation des secours aux blessés militaires dans le département de la Savoie s'est réuni aux personnes de MM. Python Victor, président, de la Chavanne Christin, de Faverges Edouard, Bottero Albert, Milan François, Dénarié Gaspard, d'Oncieu de la Bâtie César, de Ville de Travernay Joseph ;

Après avoir entendu le rapport présenté par M. le marquis de Ville de Travernay, comprenant le compte-rendu financier et moral de la Société, il en adopte le contenu et ses conclusions ;

Il décide, en conséquence, que les Sociétaires seront réunis en assemblée générale pour délibérer sur la continuation ou la dissolution de la Société, l'application du fonds restant, y compris celui à percevoir de l'Intendance militaire, et la détermination à prendre sur les objets mobiliers des ambulances ;

Le rapport sus-énoncé, suivi de la présente délibération, sera imprimé et transmis à tous les Sociétaires ainsi qu'aux directeurs des ambulances.

ANNEXE

ORGANISATION DE LA SOCIÉTÉ

COMITÉ CENTRAL.

MM. Python Victor....................	*Président.*
De la Chavanne....................	*Vice-Président.*
Rey Emile........................	*Secrétaires.*
De Faverges	
Bottero Albert....................	*Secrétaire-adjoint.*
Milan François	*Trésorier.*
De la Serraz Ernest	
Dénarié, docteur	
Guiter père	
Forest Félix	*Membres du Comité.*
D'Oncieu de la Bâtie César	
François Victor...................	
De Ville de Travernay Joseph	

BUREAU CENTRAL.

Il était établi dans la maison du Bourget, rue de la Métropole, et ouvert toute la journée. A quatre heures, tous les jours, il y avait réunion du Comité. Le bureau était dirigé par la Commission suivante :

Commission de correspondance.

MM.	**MM.**
De Faverges, *président.*	Richard Jean-Baptiste, avocat.
Blanchard Claudius, avocat.	Revuz Charles, avoué.
Goybet Pierre, avocat.	Longue Joseph, banquier.
De la Serraz Ernest.	Bottero Albert, imprimeur.
De Fernex Régis.	

BUREAU DE LA RUE DE MAISTRE, 4.

Ce bureau était destiné à recevoir les dons en nature et en argent, à faire les envois, les commissions de tout genre et les distributions aux diverses ambulances. Il était ouvert toute la journée.

Commission du bureau.

MM.	**MM.**
Aumerle, architecte, *président.*	Turinaz.
Vernaz Charles.	Tardy fils.

Commission du matériel.

MM.	**MM.**
Dénarié Michel, architecte, *pré-sident.*	Duverney Hector, architecte.
Aumerle, architecte.	Berlie Angel.
Revel Samuel, id.	Vernaz Charles.

Commission des ambulances fixes.

MM.

De Ville de Travernay Joseph, *président.*
Bebert François.
Forest Félix.
D'Oncieu de la Bâtie César.

MM.

Python Jean-Jacques.
Goybet Pierre.
Roch Joseph, notaire.
Berlie Angel.
Dufour, ingénieur.

Commission de l'ambulance volante.

MM.

Domenge Joseph, *président.*
Ringuet.
Brachet, docteur.

MM.

Roissard, avocat.
Dénarié, docteur.
Un Père Capucin, *aumônier.*

Commission de réception des blessés.

MM.

D'Alexandry, *président.*
Gabet, notaire, *vice-président.*
Pillet, avocat (fils), *secrétaire.*
Blanchard Claudius.
Déperse Joseph.
Dupasquier (fils).
Henri Victor.
Duverney François.
Dénarié Louis.
Longue Charles.
Parent Nicolas, avocat.
Guérin, négociant.
Portier du Bellair.
Le baron Angleys.
Berlie Angel.

MM.

Bonjean, pharmacien.
Bouvier Aimé, avocat.
Finet, avoué.
Guinard, ingénieur.
De la Place.
Morand, notaire.
Duclos Eugène.
Jail-Termier.
Burnier, avoué.
Perrin, libraire.
Laracine Hector, avocat.
Jacquier, procureur de la Ré-
     publique.
De Chambost.
Marchand, notaire.

Commission d'évacuation des blessés.

MM.

D'Alexandry \
Courtois } *présidents.* \
Gabet, notaire. \
Pillet (fils). \
Roissard, avocat. \
Finet, avoué. \
Goybet Pierre. \
Guérin, négociant. \
Bocquin Claude.

MM.

Rivaud Joseph. \
Jacquemet Paul. \
Henri Victor. \
Longue Joseph. \
Marchand, notaire. \
Portier du Bellair. \
Duverney Charles. \
Ducruet, avoué.

SOUS-COMITÉS CANTONAUX

Sous-Comité d'Aiguebelle.

MM. Grange Humbert.................... Président. \
Truchet Saturnin .... Vice-Président. \
Brunier Hippolyte................... Secrétaire. \
Tournier François .... Trésorier. \
Vallier François .... \
Montaz Etienne...................... \
Contat Maurice .... Membres du Comité. \
Girod Jean .... \
Niobé Jules-Hippolyte ....

Sous-Comité d'Aix-les-Bains.

MM. Mottet Alphonse, propriétaire........ *Président.*
le chevalier Despine Constant, médecin *Vice-Président.*
Dégallion, ancien notaire........... *Secrétaire.*
Rive, percepteur .... *Trésorier.*
Blanchard Francisque ....
De Loche, de Grésy ....
De Pierrefeu, de Tresserve......... *Membres du Comité.*
Poulin Auguste, de Tresserve........

Sous-Comité d'Albens.

MM. le général Mollard .... *Président.*
Pavy Joseph-Humbert, notaire....... *Vice-Président.*
Pavy Lucien, curé .... *Secrétaire.*
le docteur Rosset Léon, maire....... *Trésorier.*
Rosset, notaire ....
Buttin, notaire................... *Membres du Comité.*
Canet Félix, adjoint ....

Sous-Comité d'Albertville.

MM. de Manuel...................
Jacquemoud Bernard.............. *Présidents.*
Million ....
Cloppet Antoine................. *Vice-Présidents.*
Belat........................ *Secrétaire.*

Sous-Comité de Grésy-sur-Isère.

MM. Guillot Joseph-Marie, juge de paix.... *Président.*
Rey François-Alexis.............. *Vice-Président.*
Dunand, notaire .... *Secrétaire.*
Maige Joseph, géomètre.......... ... *Trésorier.*
Martin Victorin ....
Paraz Joseph ....
Veyrat François-Louis .... *Membres du Comité.*
Maige Philibert, huissier...........

46

Sous-Comité de Montmélian.

MM. Bel, maire......................	*Président.*
Dubouloz, médecin	
Falcoz Alexis	
Gouvert Camille	*Membres du Comité.*
Turrel	

Sous-Comité du Pont-de-Beauvoisin.

MM. Berlioz, banquier.................	*Président.*
Tardy, archiprêtre	*Vice-Président.*
Cholat, juge de paix..............	*Secrétaire.*
Rivoire, notaire..................	*Trésorier.*
Araud André......................	*Membres du Comité.*
Goud François....................	

Sous-Comité de la Rochette.

MM. Picolet d'Hermillon	*Président.*
Gardet Eugène	*Secrétaire.*
Liaudy père, négociant	*Trésorier*
Rey Maurice, propriétaire..........	*Membres du Comité.*
Mollot Emile, receveur de l'enregist^{ment}.	

Sous-Comité de St-Jean-de-Maurienne.

MM. Petit Maurice, médecin, maire.......	*Président.*
Deschamps Jean, avoué.............	*Vice-Président.*
Ducroz Alexandre, négociant	*Secrétaire.*
Roche Léon, banquier..............	*Trésorier.*
Fay Jean-Pierre, avocat............	
Richard Cyrille, avocat.............	
Plagnat Jⁿ-Bap^{te}, président du tribunal.	*Membres du Comité.*
Grange Victor, médecin.............	
Perrier Antoine, avoué	

Sous-Comité d'Ugine.

MM. Berthet Isidore-François, maire...... *Président.*
Mollier-Carroz Auguste, adjoint...... *Vice-Président.*
Dubettier Auguste................. *Secrétaire.*
Berthet, percepteur .... *Trésorier.*
Chevallier Jean-Sylvain ....
Delachenal Alfred.................
Ducrest Alexandre ....
Page François................... ... *Membres du Comité.*
Buffet, pharmacien................
Ducret Jean-François..............

Sous-Comité d'Yenne.

MM. Bouffier, maire.................. *Président.*
Calloud, curé.................... *Vice-Président.*
Naussac, docteur................. *Secrétaire.*
Rumilly, notaire................. *Trésorier.*
Rubod Charles, négociant.......... *Membres du Comité.*
Reveyron Dominique, avocat........

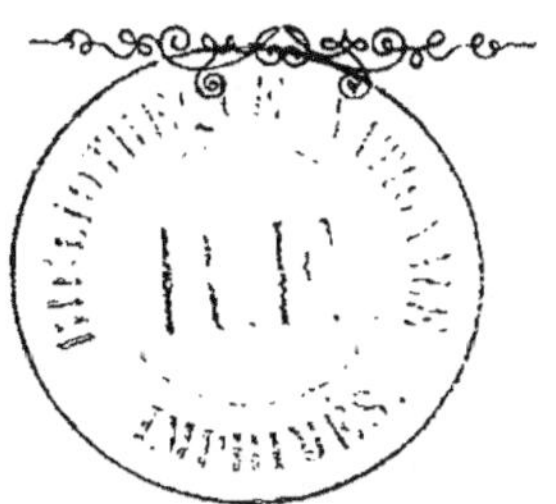

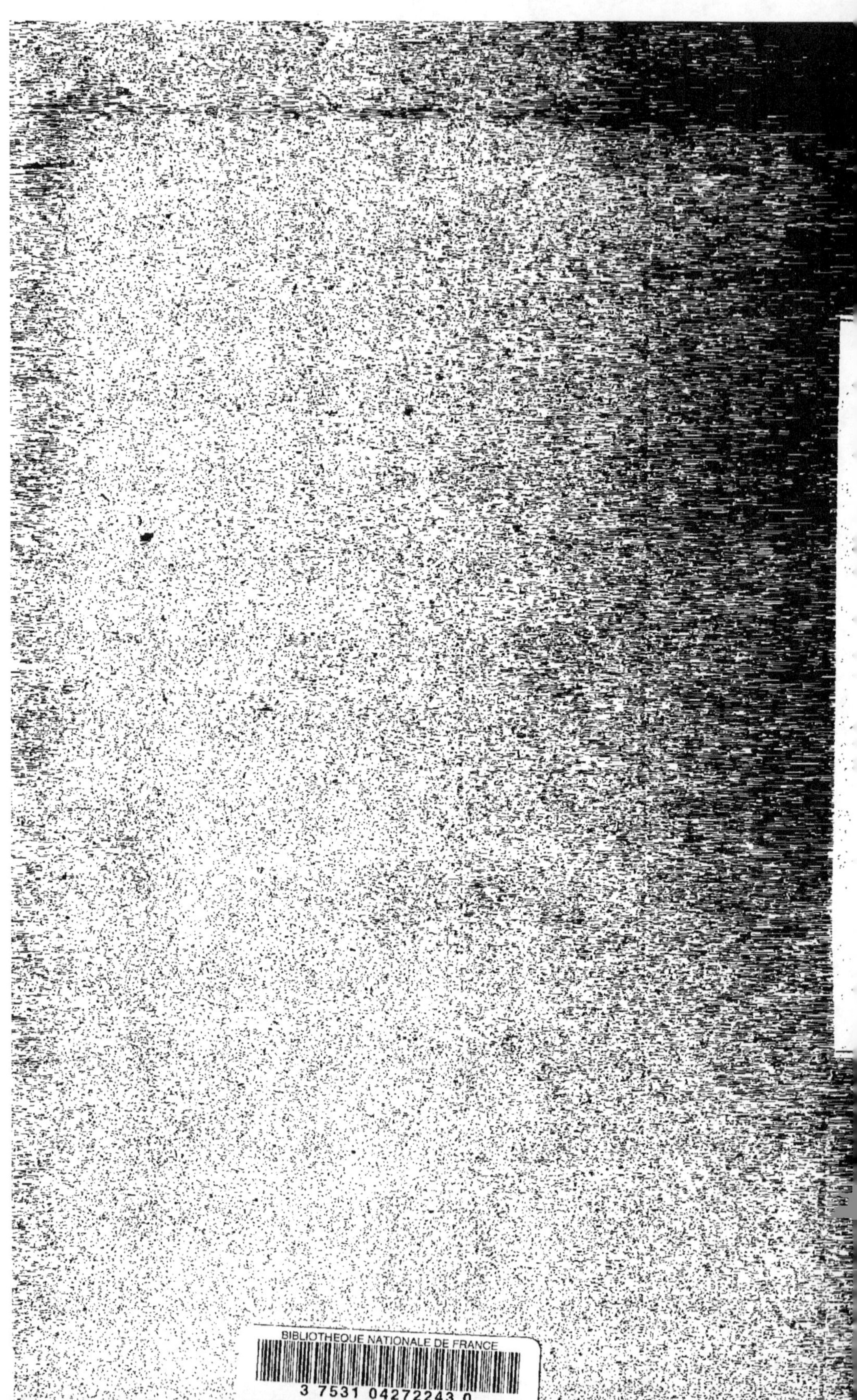

www.ingramcontent.com/pod-product-compliance
Lightning Source LLC
Chambersburg PA
CBHW061251050726

47594CB00004B/1453